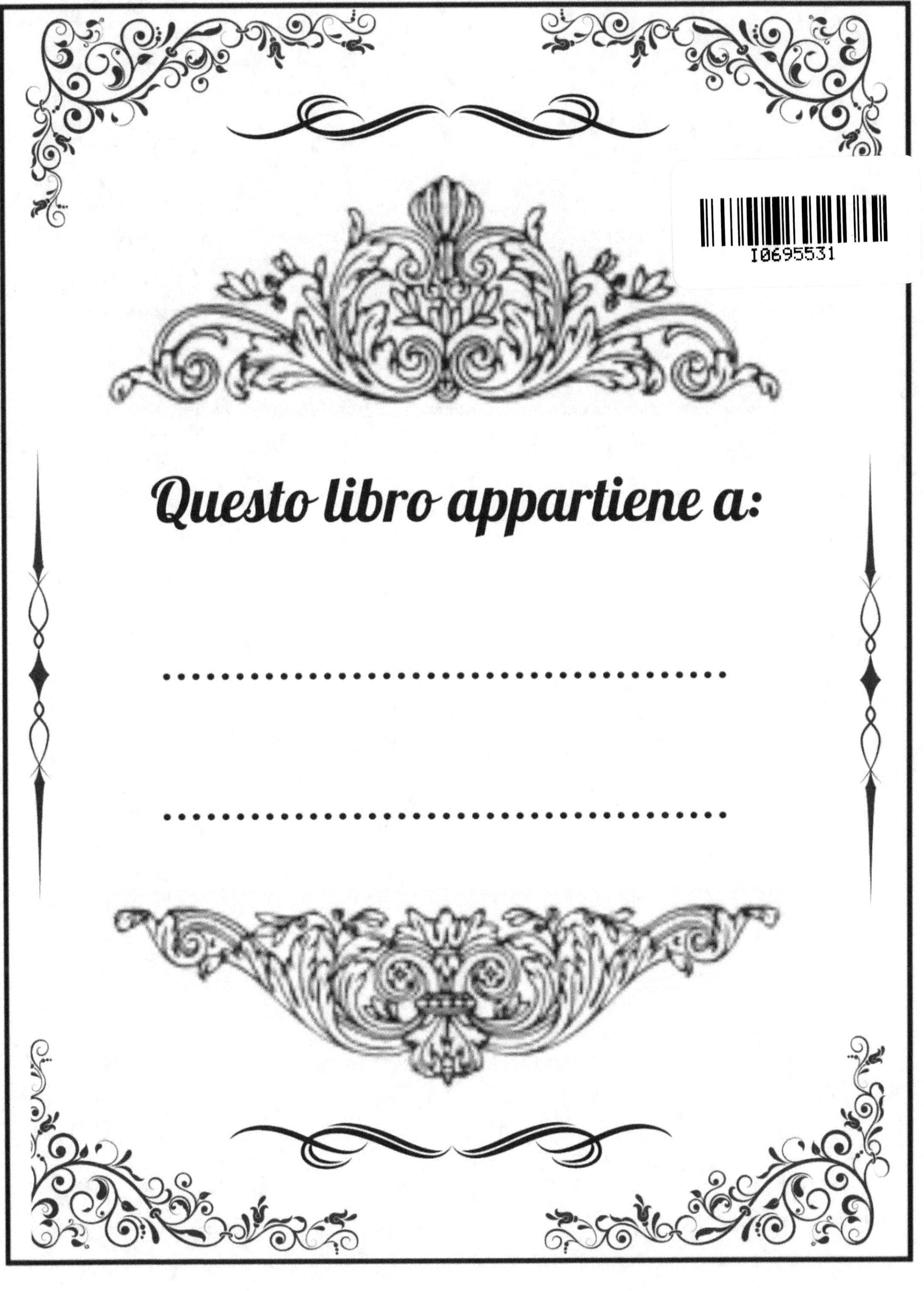

Questo libro appartiene a:

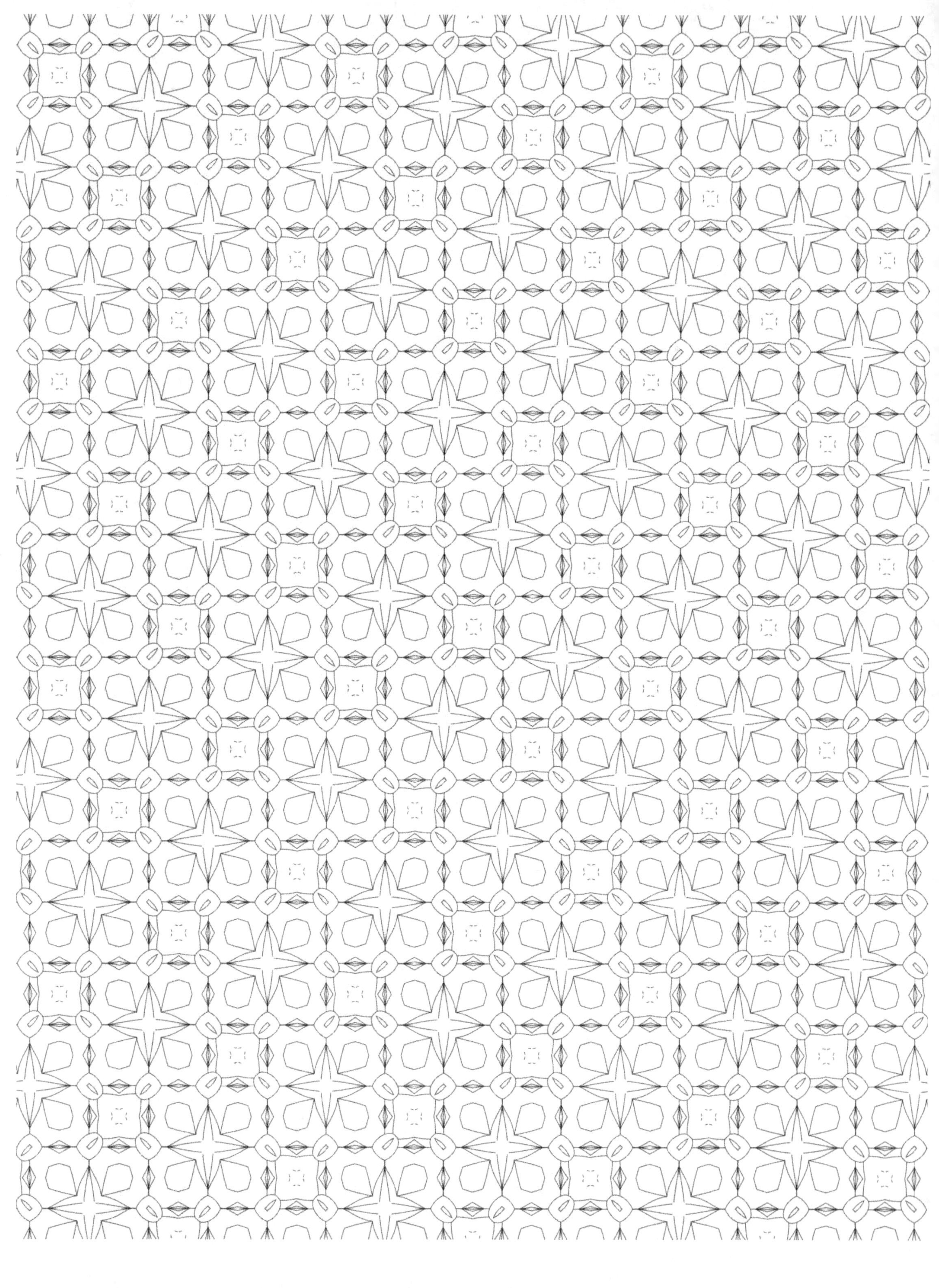

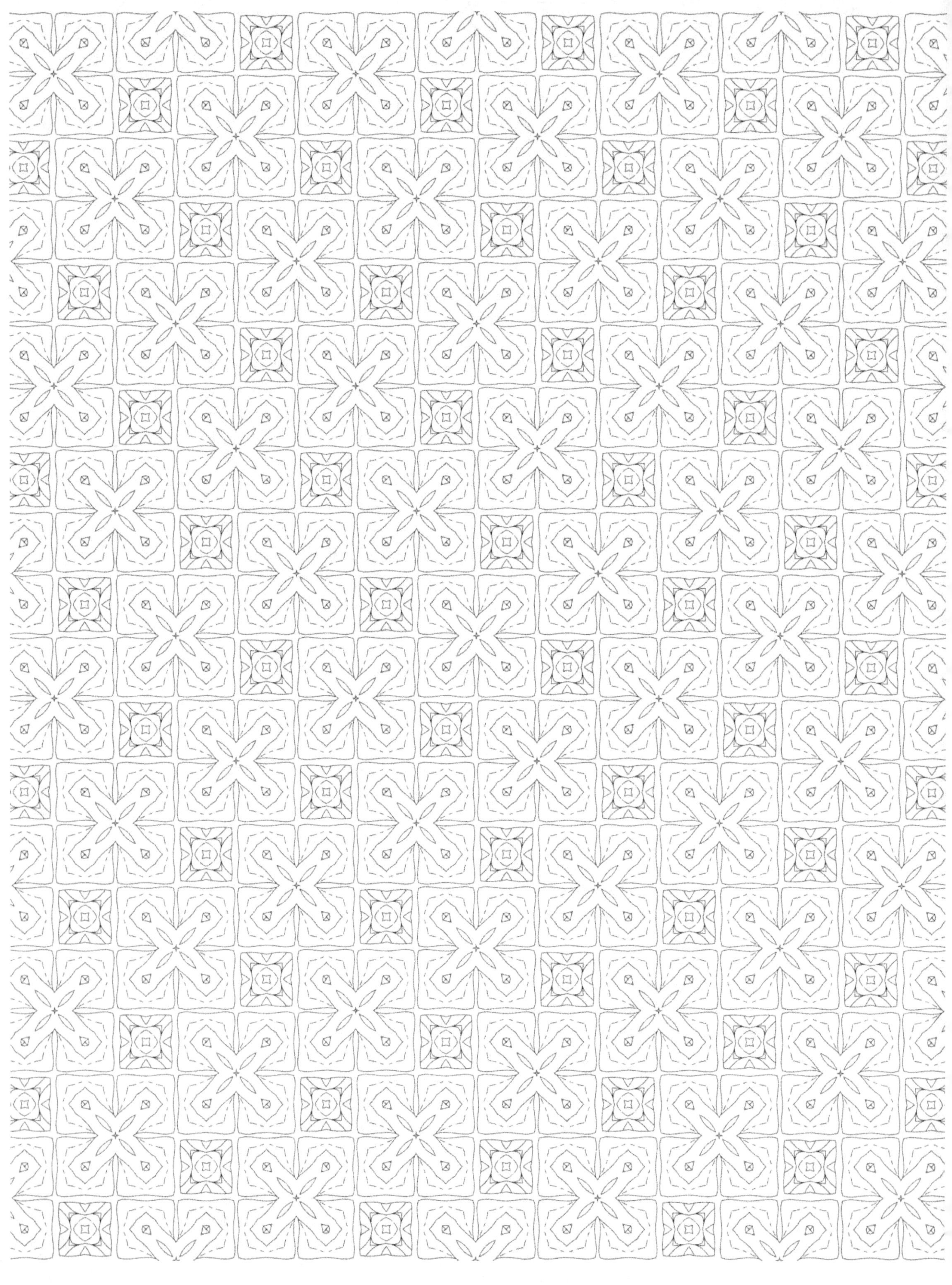

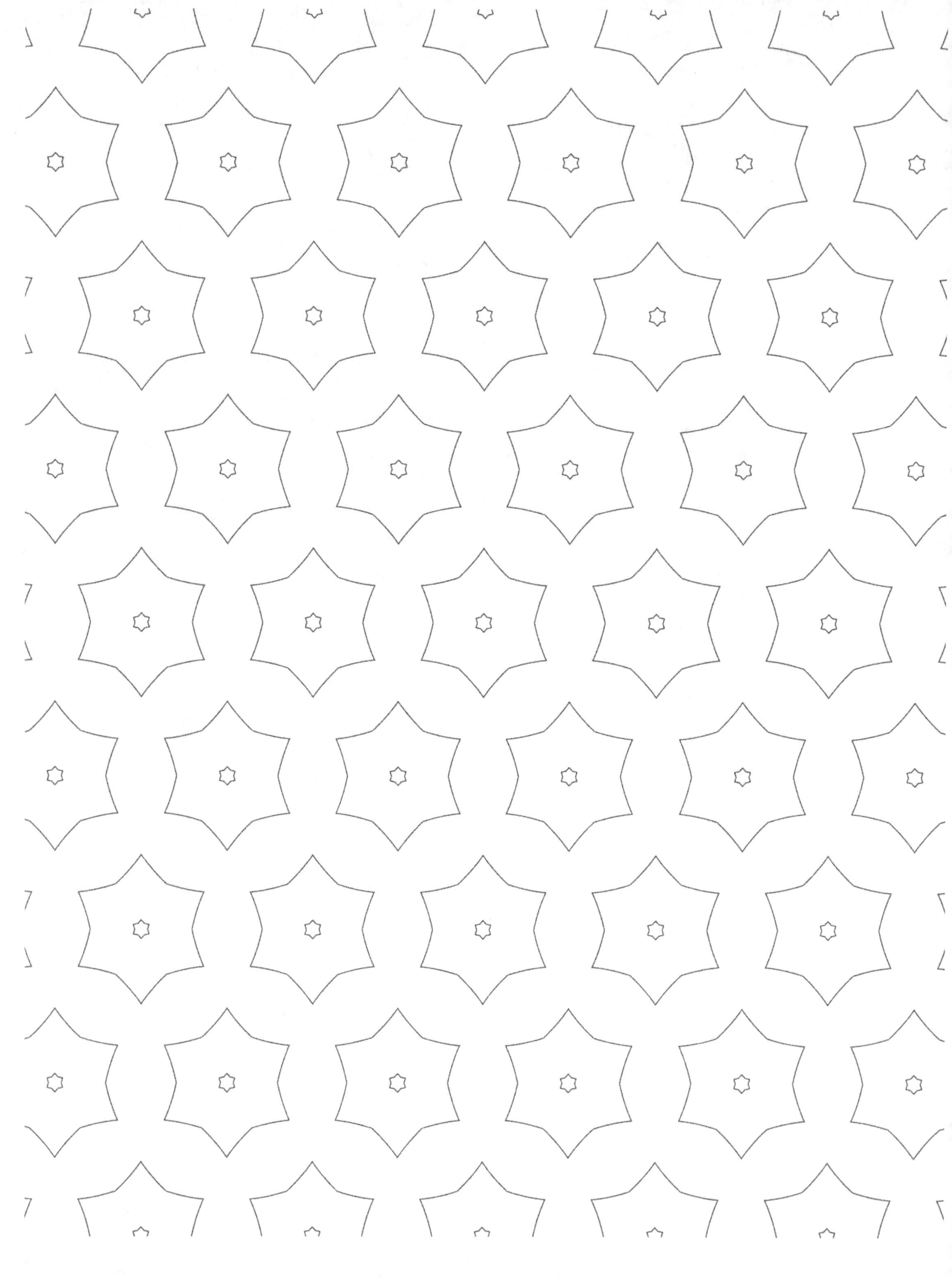

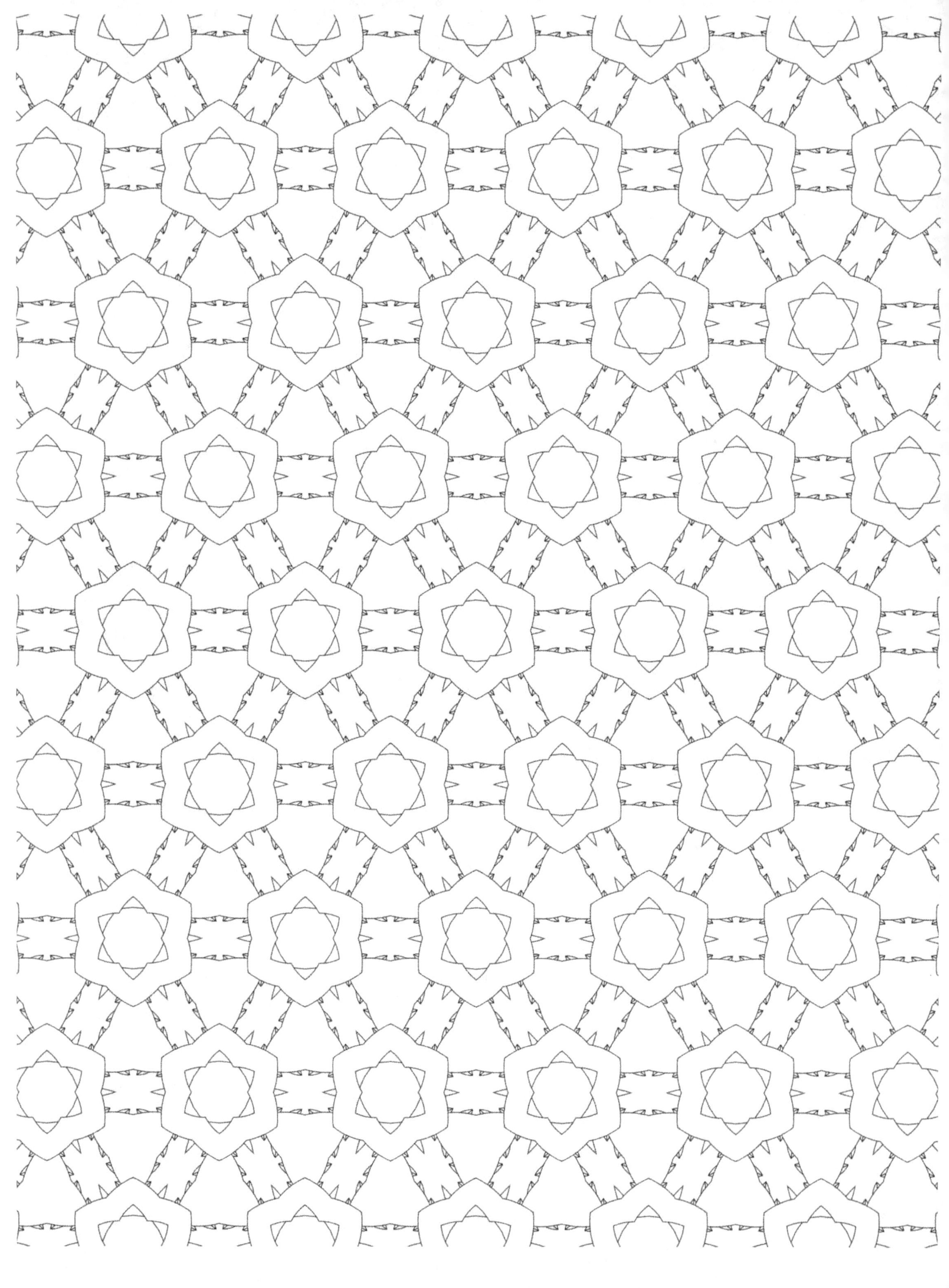

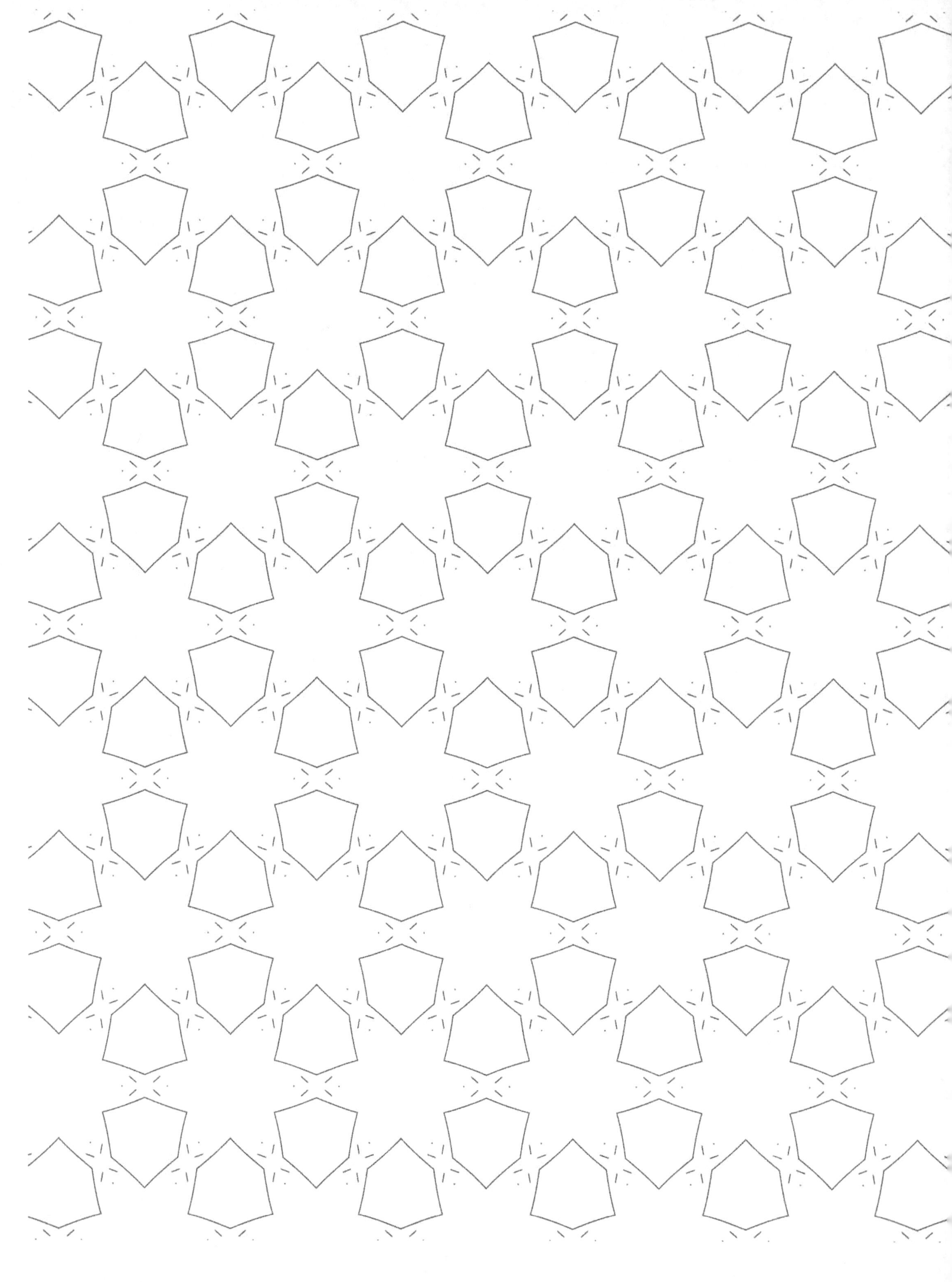

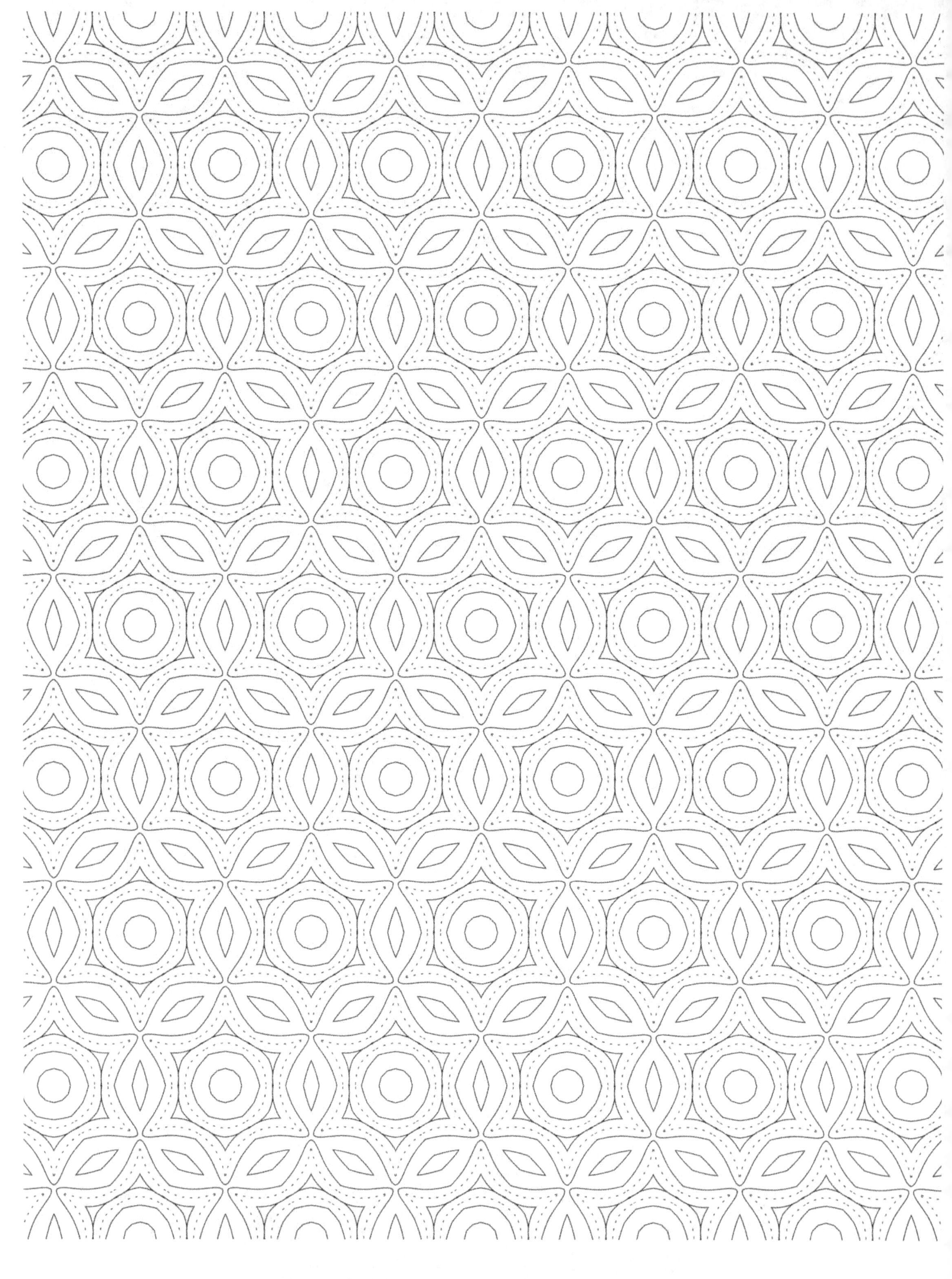

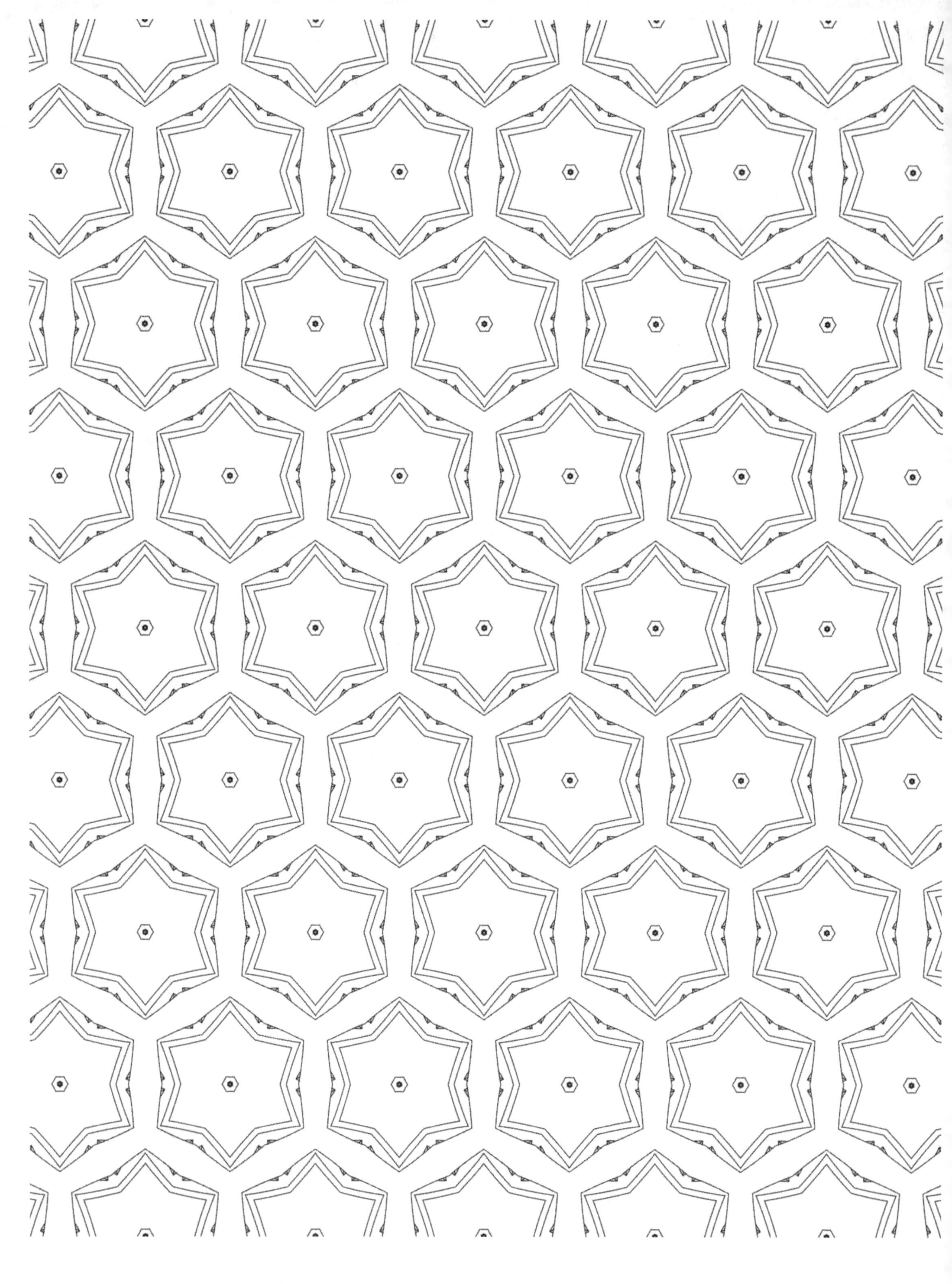

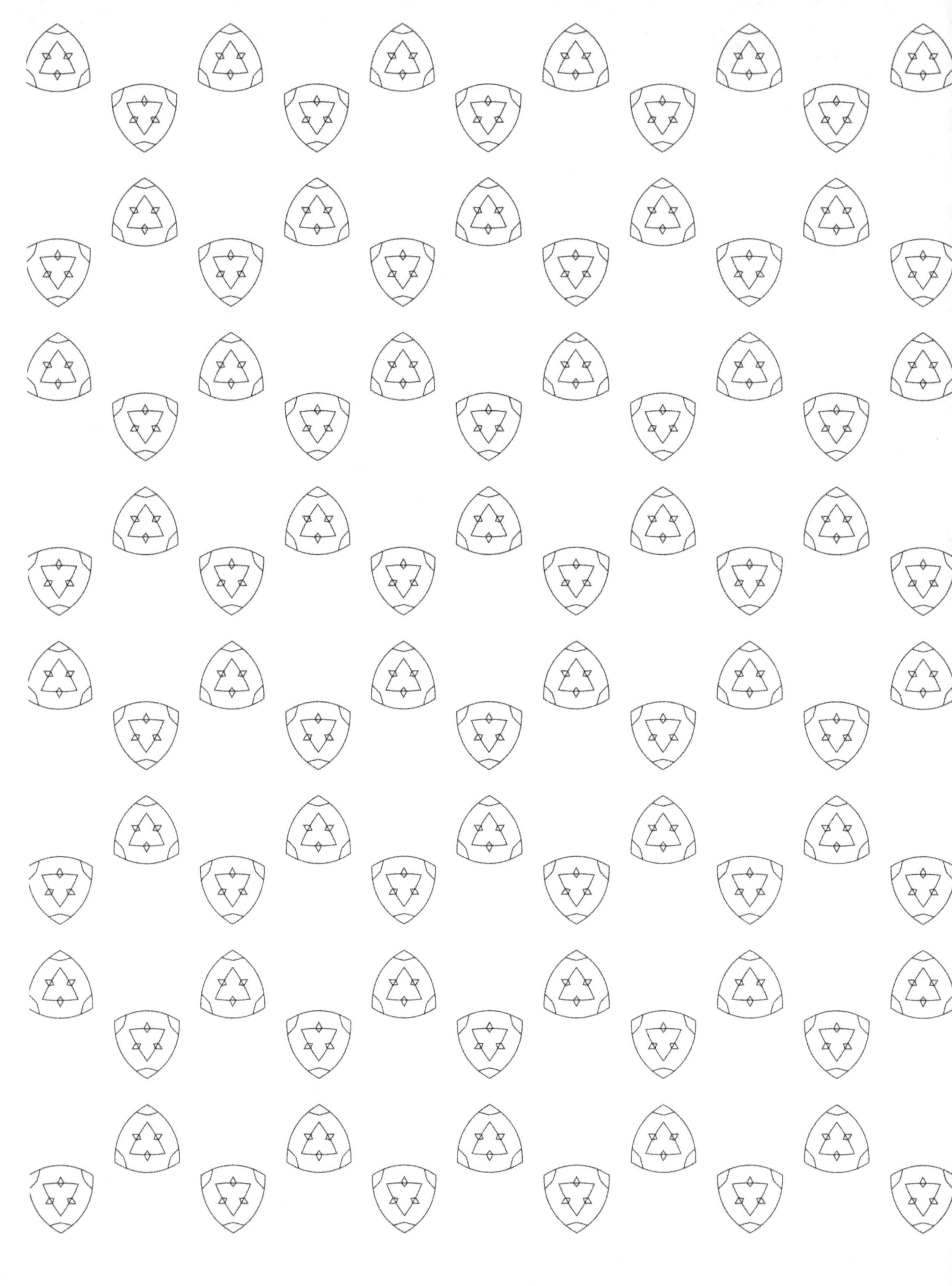

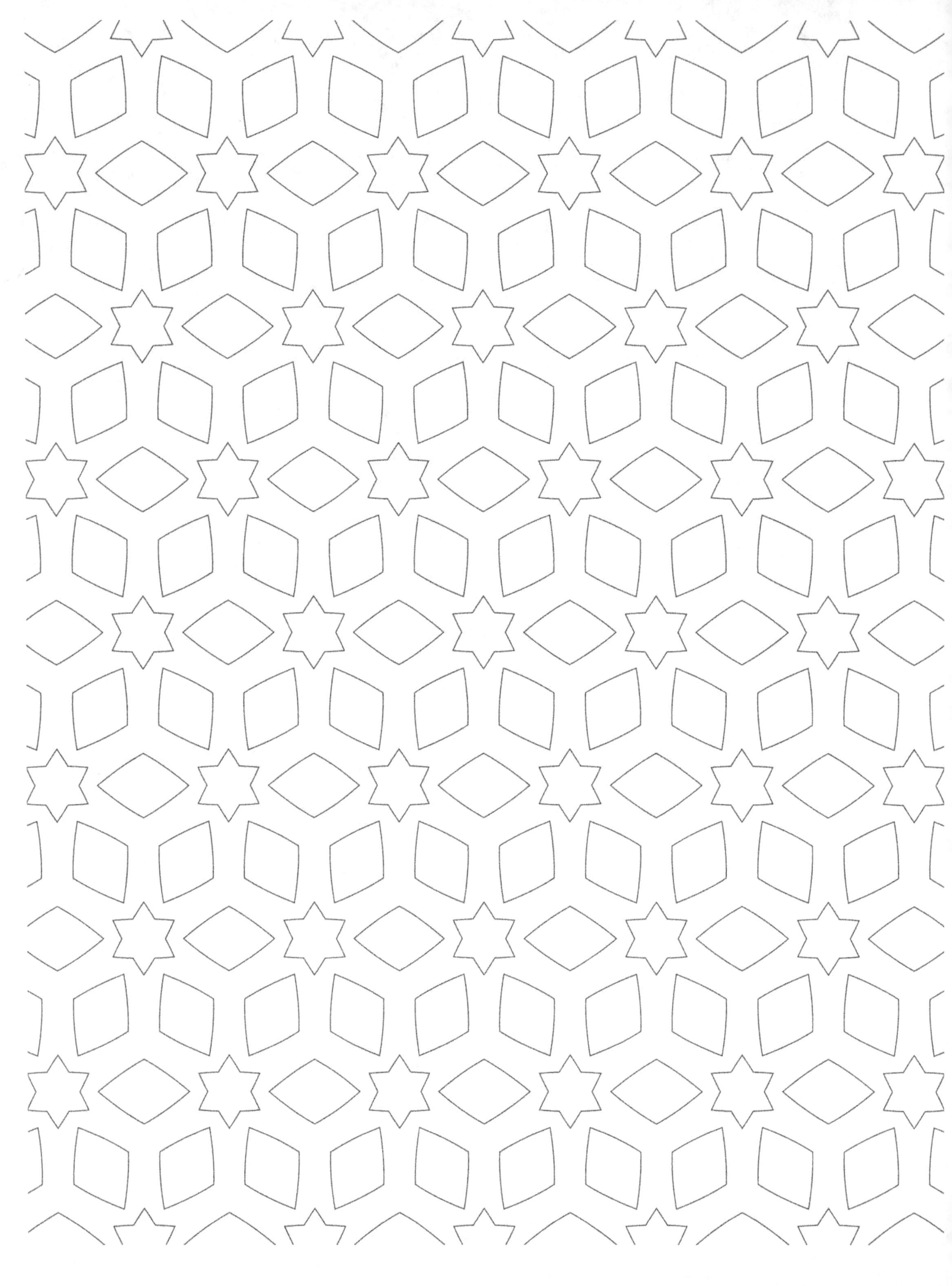

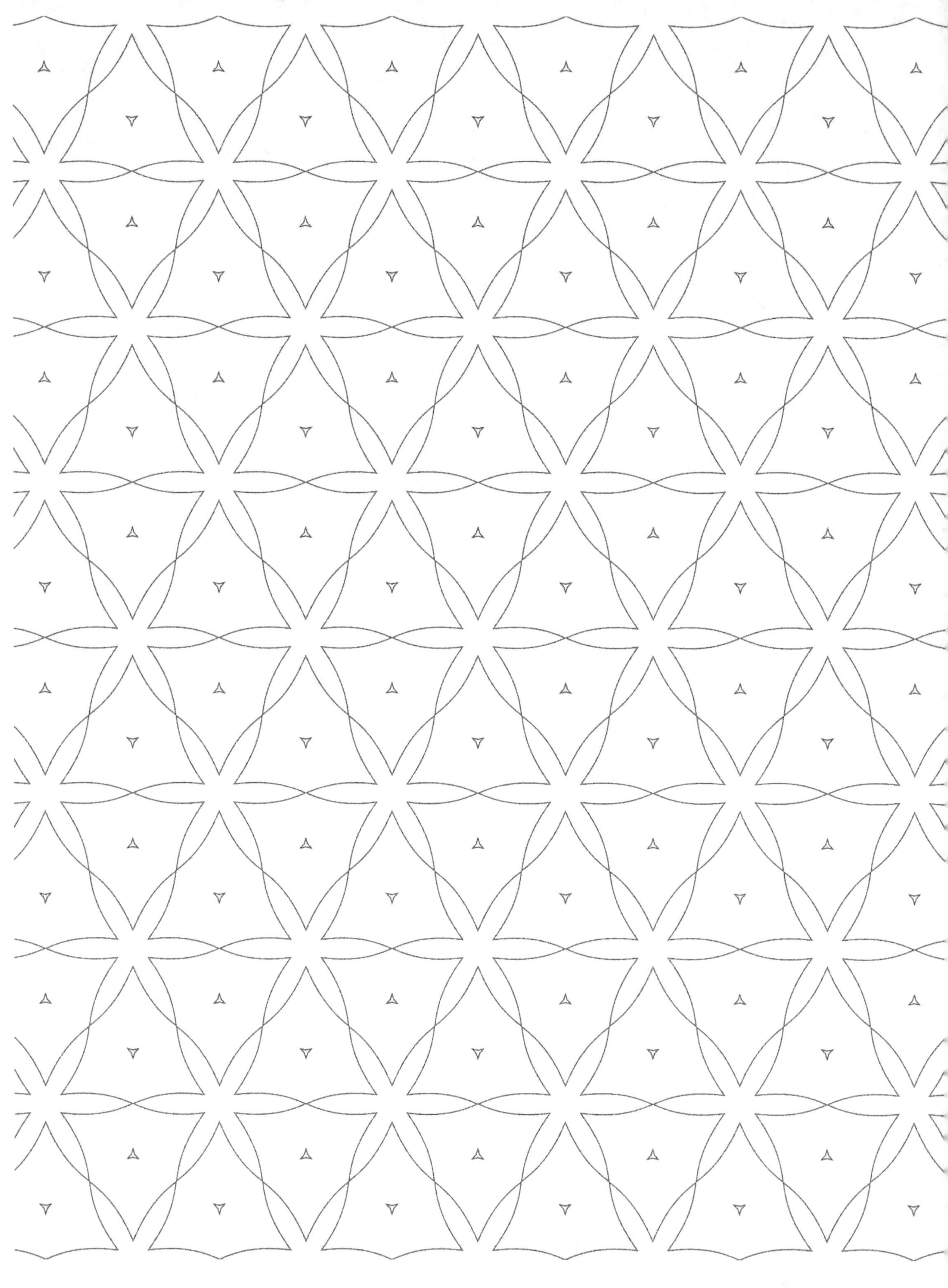

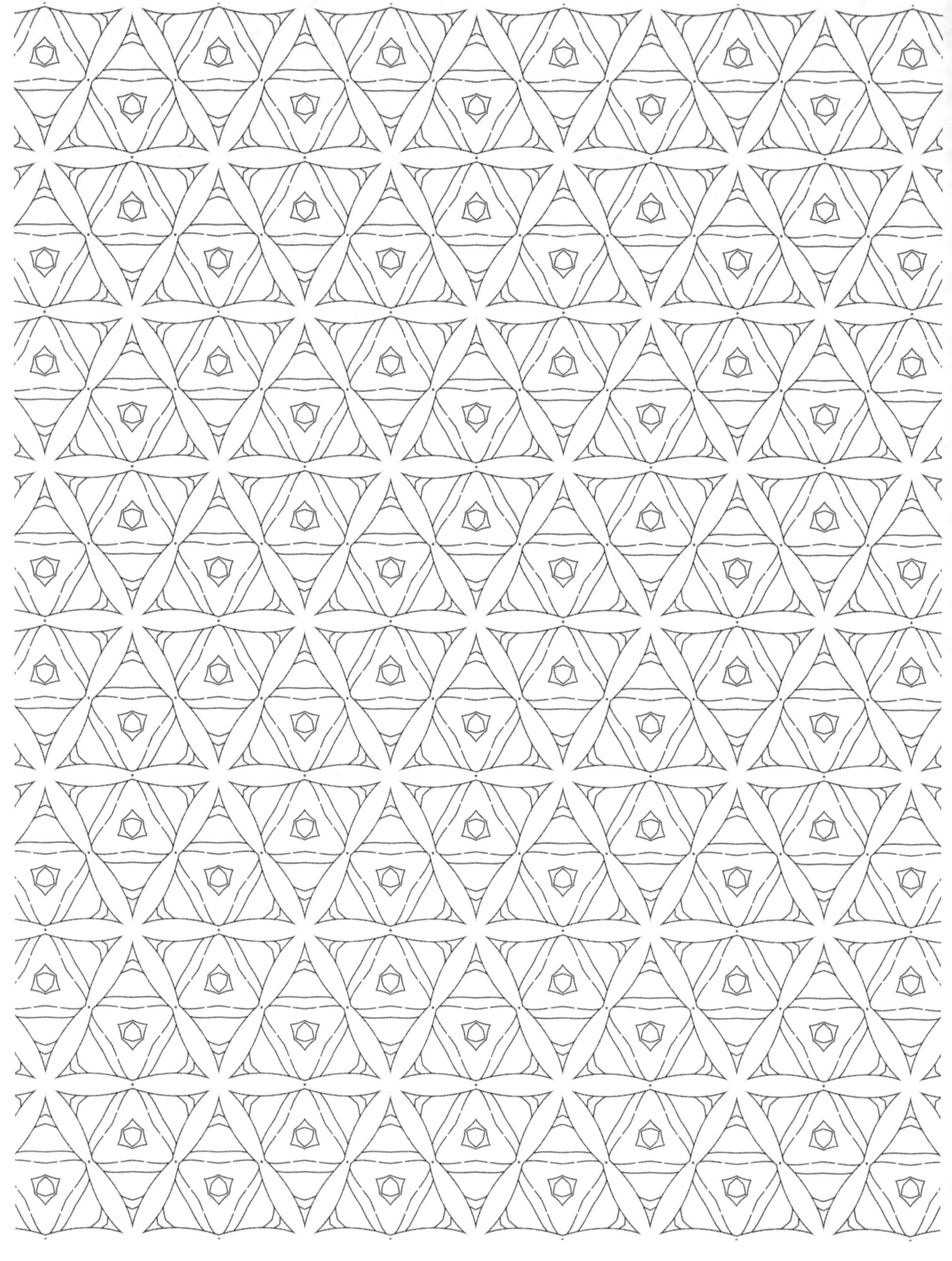

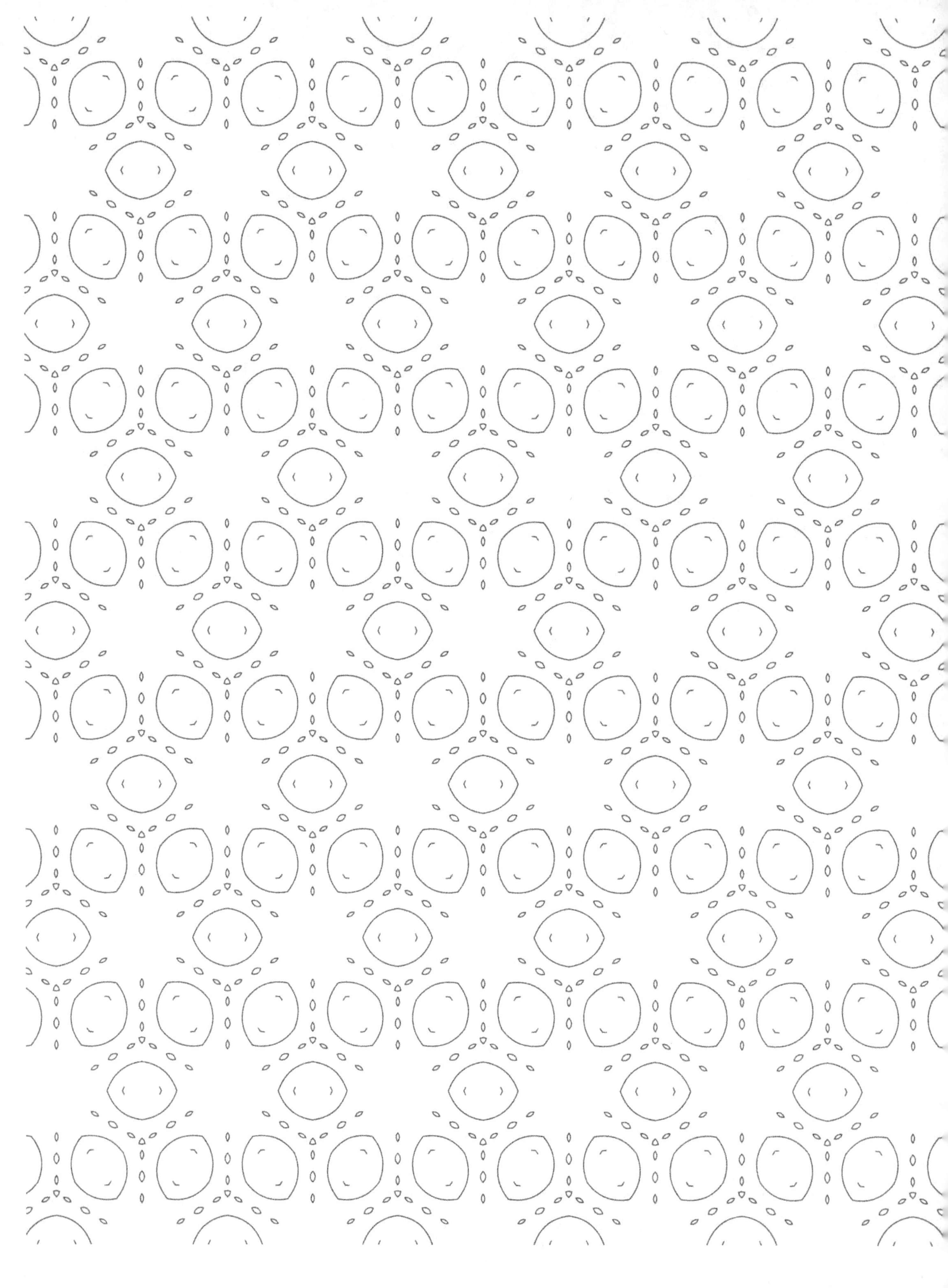

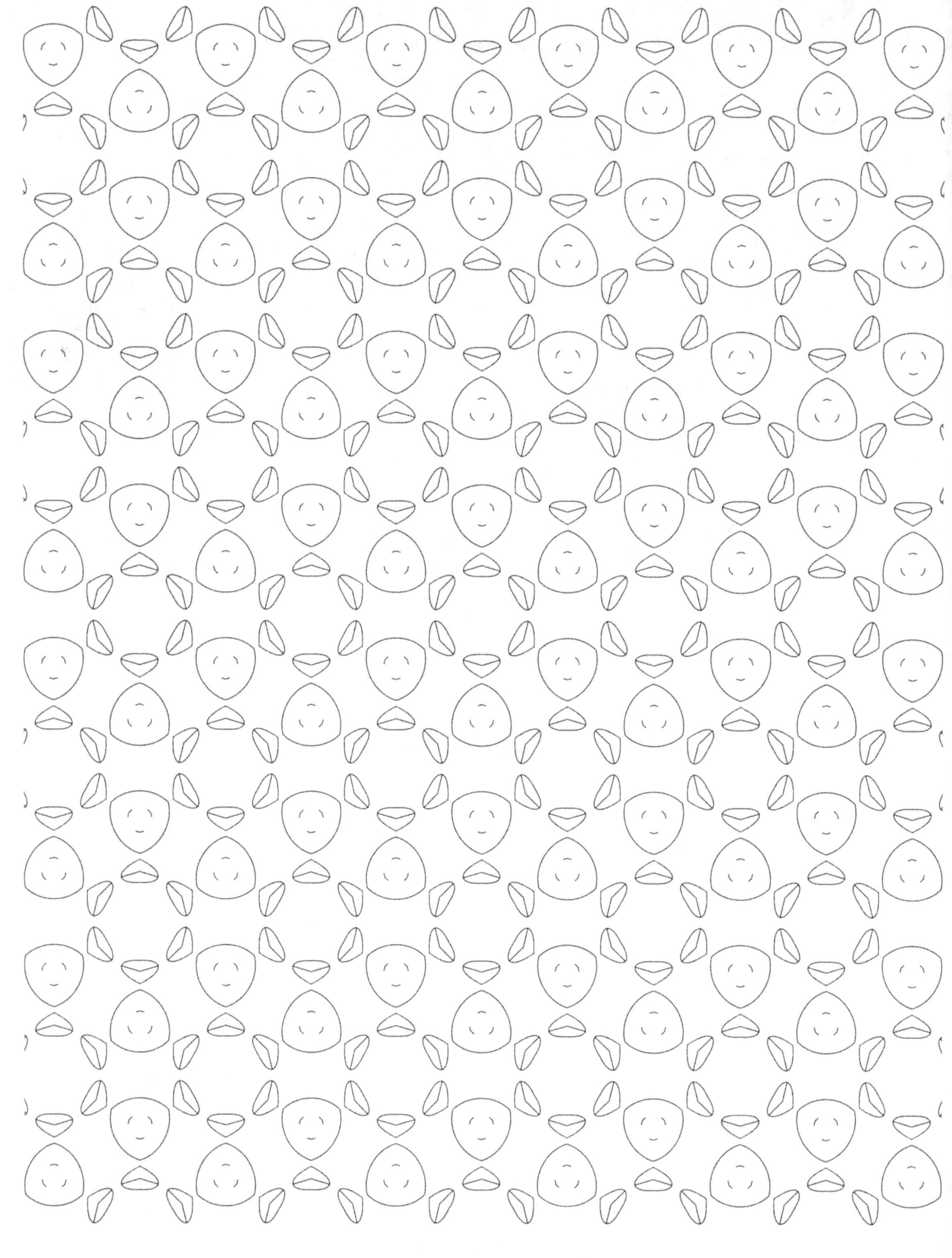

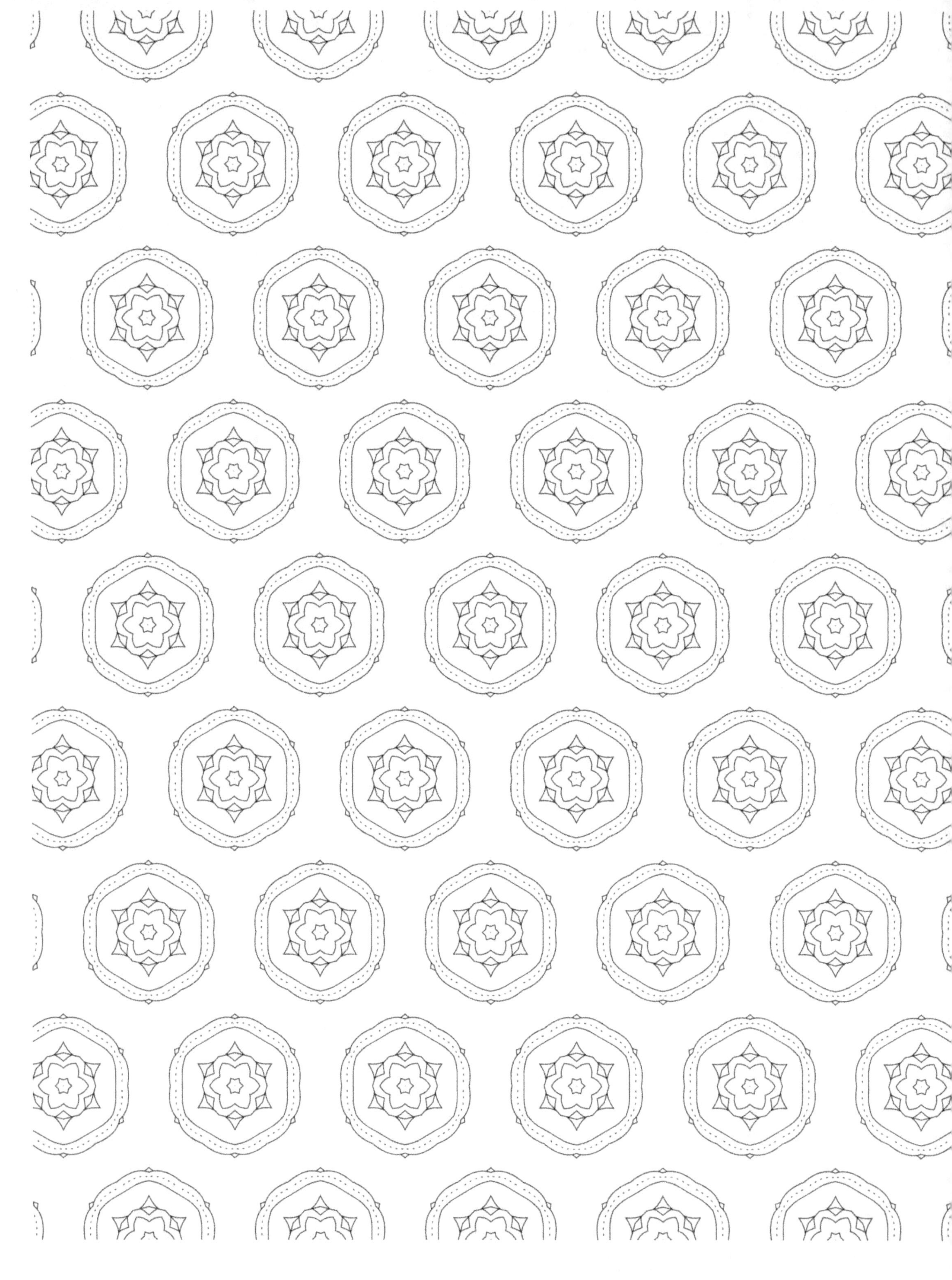

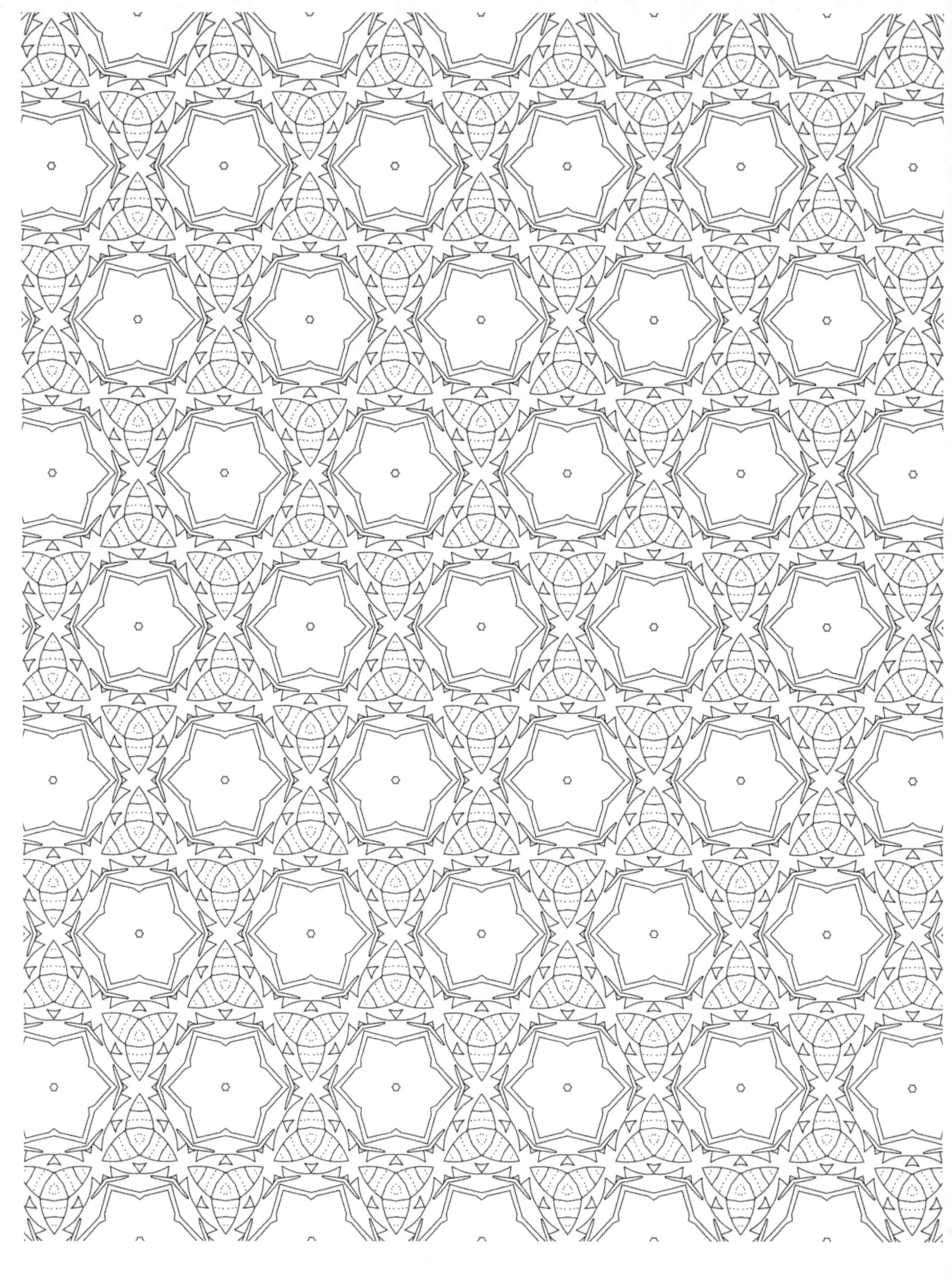

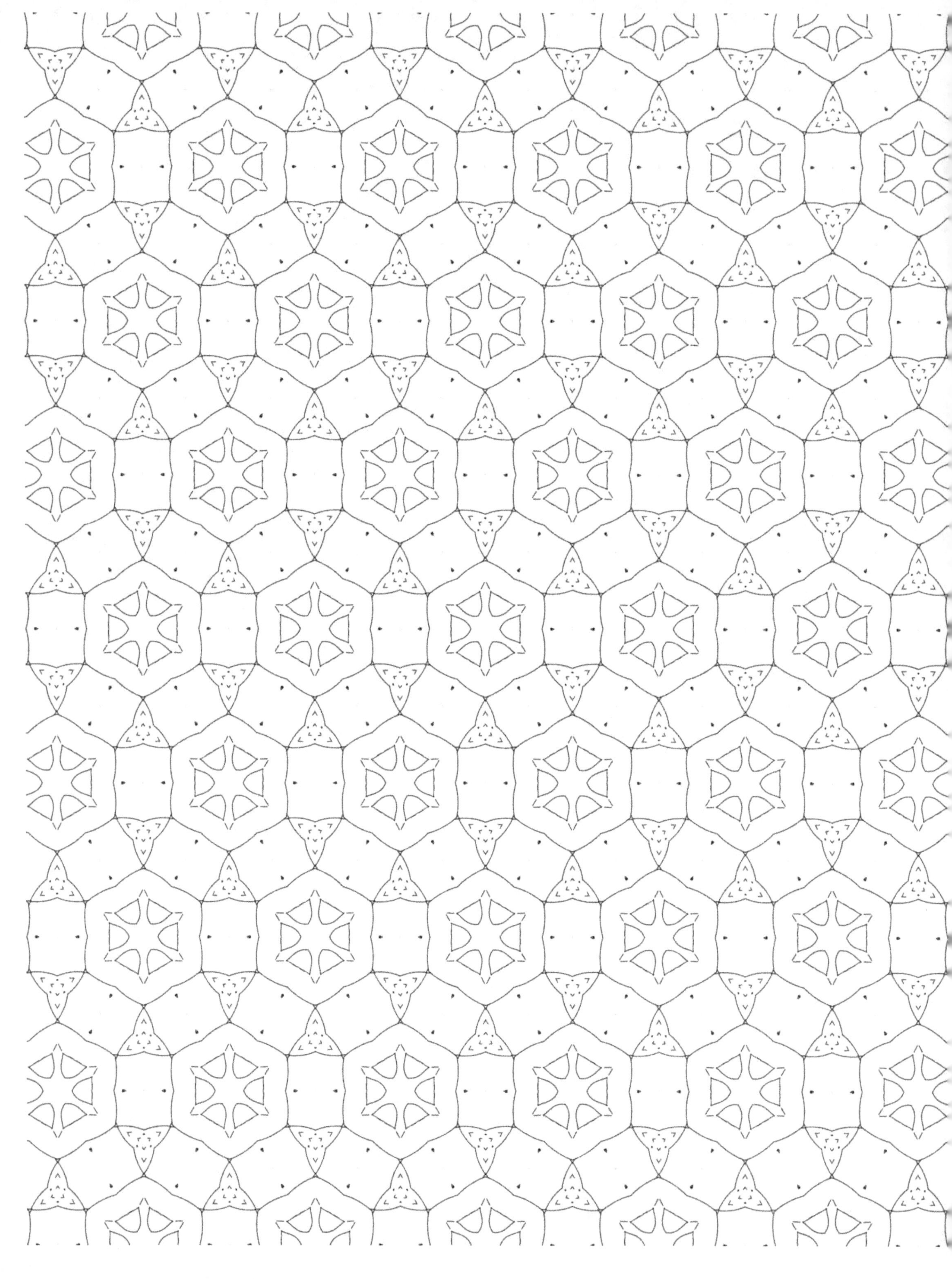